蒼山日菜の
12か月の
レース切り絵

蒼山日菜

主婦と生活社

Contents 目次

12か月のレース切り絵
春（3月 ひなまつり、4月 イースター、5月 鯉）… 4
夏（6月 アンブレラ、7月 さくらんぼ、8月 うちわ）… 5
秋（9月 お月見、10月 ハロウィン、11月 リス）… 6
冬（12月 メリークリスマス、1月 謹賀新年、2月 鬼っ子フェアリー）… 7

レース切り絵の基本
レース切り絵の準備 … 9
レース切り絵のポイント8か条 … 10
7月 さくらんぼの切り方 … 12

ワンポイントレッスン

春

3月　ひなまつり … 20
4月　桜 … 23
　　　イースター … 24
5月　鯉 … 26
　　　かぶと … 27

夏

6月　ラブ … 28
　　　アンブレラ … 29
7月　短冊 … 30
8月　うちわ … 31
　　　ロータス … 32

秋

```
9月     コスモス … 33
        お月見 … 34
10月    キノコと男の子 … 36
        ハロウィン … 37
11月    リス … 38
        もみじ … 40
```

冬

```
12月    クリスマスツリーとトナカイ … 41
        メリークリスマス … 42
1月     謹賀新年 … 43
        サザンカ … 44
2月     鬼っ子フェアリー … 45
        バレンタイン … 46
```

巻末　そのまま切れる図案集の使い方 … 43
　　　そのまま切れる図案集 … 49

※春の図案　桜／夏の図案　ロータス／秋の図案　もみじ／冬の図案　サザンカ

12か月のレース切り絵

Spring
――春

3月 ひなまつり
March / Doll Festival

4月 イースター
April / Easter

5月 鯉
May / Carp

6月 アンブレラ
June / Umbrella

7月 さくらんぼ
July / Cherry

8月 うちわ
August / Fan

Summer
―― 夏

9月 お月見
September / Moon Viewing

10月 ハロウィン
October / Halloween

11月 リス
November / Squirrel

Autumn ―― 秋

Winter ──冬

12月 メリークリスマス
December / Merry Christmas

1月 謹賀新年
January / Happy New Year

2月 鬼っ子フェアリー
February / Demon Fairy

レース切り絵の基本

レース切り絵の準備 … 9
レース切り絵のポイント8か条 … 10
7月 さくらんぼの切り方 … 12

Basic of Race Kirie

レース切り絵の準備

切り絵は基本的にハサミと紙さえあれば、はじめられます。
本書の巻末にはそのまま切れる図案集がついているので、まずは刃先がとがったハサミを用意しましょう。
左右対称の2つ折り図案の準備の仕方もご紹介します。

用意するもの

A　針
切りはじめの穴をあけるときに使用します。切り絵専用ハサミの場合は、刃先を使って穴をあけるので、必要ありません。

B　図案
図案のまわりに1〜2cmの余白を残して切り落としましょう。

C　ホチキス
2つ折り図案に使用します。

D　切り絵専用ハサミ
手芸用のハサミでも代用できます。

2つ折り図案の準備

1 用紙ではなく、図案の中心線で2つに折る。

2 ぴったりと重なるよう、爪でしっかりと折り目をつける。

3 図案のまわりに1〜2cmの余白を残して切り落とす。

4 用紙とホチキスが水平になるようにし、図案の近くをホチキスでとめる。

用紙が曲がった状態でとめると、図案がずれてしまうのでNG。

5 これで準備完了。

レース切り絵のポイント 8 か条

切り絵をはじめる前に、全図案に共通する基本のテクニックをマスターしましょう。

1 最初に図案のまわりの余白を切り落とす

図案のまわりに1〜2cmの余白を残して切り落とす。

2 ハサミは刃先のみを使う

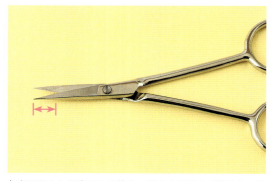

矢印で示した刃先のみを使う。刃の中心部まで使うと、必要な部分まで切り落とす原因になるので注意。

3 切りはじめは穴をあける

余白に針を刺して穴をあける。そこにハサミの刃先を入れて切りはじめる。

切り絵専用ハサミの場合は、刃先で穴があくので針は使わなくてOK。

4 図案の中心に近い小さな余白から切りはじめる

図案の中心に近い小さな余白から放射状に切り進める。

5

ハサミを寝かせて、反時計回りに切り進める

切るラインが見やすいよう、ハサミを寝かせて切るのがコツ。常に反時計回りに弧を描くように切り進める。

6

ハサミではなく、用紙を動かしながら切る

ハサミを動かすのではなく、用紙を切り進めやすい向きに動かしながら切る。

7

角と刃先を合わせて切る

どんなに小さな余白でも、必ず角と刃先を合わせて切る。刃の途中で切り終えると、図案を切りすぎる原因に。

8

余白はこまめに切り落とす

余白は一気に切ろうとせず、少しずつ切り分ける。

凹んでいる部分は輪郭を追わずに、点線でつなげて余白をイメージして少しずつ切り落とす。

7月

さくらんぼの切り方

July / Cherry

さくらんぼの中に、小鳥と音符が隠れた可愛らしい図案です。
うずや葉っぱなど、曲線の練習にぴったり！
難しいと思ったら、切り絵専用用紙に拡大コピーしてみましょう。

― 1番目に切る範囲
― 2番目に切る範囲
― 3番目に切る範囲
― 4番目に切る範囲

※図案はP61にあります。

How to Kirie _ July / Cherry

右側のさくらんぼの切り方

1 さくらんぼの図案中心近くの小さな余白から切りはじめる。

2 用紙を回転させながら余白を切り進める。続けて、色を塗った小さな余白も切り落とす。

3 反時計回りのラインが続く図案のときは、同一方向のラインをすべて切り進める。

4 3で最初に切った余白に戻り、残りのラインを切り進めてすべての余白を切り落とす。

5 色を塗った余白を切り落とす。

左側のさくらんぼのうずの切り方

6 さくらんぼのうずを切る。まず余白にハサミの刃先を刺す。穴をあけることで、ハサミを入れる空間ができて切りやすくなる。

7 用紙を回しながら、うずの内側の余白を切り落とす。

8 うずのラインを切り進める。

NG ついこっちのラインを切り進めたくなるけれど、切り落としてしまいやすいうずのラインから仕上げるのが鉄則！

左側のさくらんぼの音符の切り方

9 うずのラインが仕上がったら、残りの余白を切り落とす。色を塗った小さな余白も切り落とす。

10 隣のうずを切る。6〜9同様に、うずの内側の余白を切る。左巻きのうずなので、ハサミを用紙の下から入れ直し、うずのラインを仕上げる。色を塗った余白も切り落とす。

11 8分音符のハタとボウの間の余白を切る。ラインに沿って一気に切ろうとせず、写真のように分けて余白を切り落とす。

12 ハサミを用紙の下から入れ直し、8分音符のハタの外側のラインを切り進める。

13 写真のように途中でUターンして、8分音符とうずの間の凹んでいる余白を切り落とす。

14 16分音符のハタの余白を切る。直線の余白は一気に切らず、2回に分けて切り落とすのがコツ。

15 音符と音符の間の余白を切る。写真のように、丸い2つのおたまじゃくしを結ぶラインで、余白を切り落とす。

16 16分音符の右側のおたまじゃくしから8分音符のハタのラインを切り進める。

17 16分音符の左側のおたまじゃくしから8分音符のハタに向かって切り進め、余白を切り落とす。

左側のさくらんぼの小鳥の切り方

18 16分音符の左側のおたまじゃくしから、葉っぱの先端に向かって切る。

19 ハサミを用紙の下から入れ直し、葉っぱ→小鳥の羽のラインを切り進め、矢印のように尾っぽで一度余白を切り落とす。

20 18の続きの左側のおたまじゃくし→葉っぱのラインを切り進める。矢印のように、余白を切り落とし、葉っぱと葉っぱの間の凹んだ部分の余白は残しておく。

21 切り残した余白を切り落とす。まず、左側の葉っぱのラインから仕上げるのがコツ。

22 19の小鳥の尾っぽの続きから、矢印のように切り進め、一度余白を切り落とす。その後、色を塗った余白を三日月形→うずの内側の順に切り落とす。

23 22で残した余白を切り落とす。葉っぱのラインを仕上げてから、うずの外側のラインへ切り進める。

24 うずを切る。うずの内側を丸く切り抜いて、その穴に刃先を差し込み、うずの外側ラインを仕上げる。

25 うずの内側のラインに沿って切り進める。隣のうずの外側のラインを写真のところくらいまで切り進めたら、一度ストップ。

26 左側のうずに向かってUターンして、2つのうずの間の余白を切り落とす。

さくらんぼの軸の間の切り方

27 ハサミを用紙の下から入れ直し、25のうずの外側のラインの続きを切る。矢印のように切り進め、葉っぱの先端でUターンして余白を切り落とす。

28 葉っぱのラインを仕上げてから、写真のように余白を切り落とす。次に色を塗った余白もすべて切る。

29 さくらんぼの軸の間の小さな余白を切る。色を塗った余白も切り落とす。

30 軸の間の大きな余白を切る。まずはハサミを動かしやすいよう、ザクザク余白を切り進める。

31 葉っぱのラインに沿って切る。葉っぱの先端まで切り進めたら、一度余白を切り落とす。

32 写真のように凹んだ余白をこまめに切り落とす。

左側のさくらんぼの外側のうずの切り方

33 矢印のように左側のさくらんぼの輪郭の途中で右側の葉っぱに向かって切り進め、こまめに余白を切り落とす。残りの軸の中の余白をすべて切る。

34 軸の中の余白をすべて切り落としたところ。今までの要領で色を塗った余白も切る。

35 さくらんぼの外側にあるうずを切る。うずの内側の余白を切り落とし、うずの外側のラインから仕上げる。矢印のところまで切り進めたら、一度ストップ。

How to Ririe _ July / Cherry

さくらんぼの右上にいる小鳥の切り方

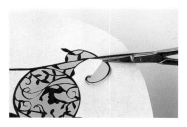

36 うずの内側のラインを切り進める。

37 さくらんぼの輪郭まで切り進めたらUターン。うずの外側のラインに向かって切り進め、余白を切り落とす。

38 右側の小鳥が止まっている葉っぱを切る。凹んでいる部分は、葉っぱの先端をつなぐイメージで1つずつ余白を切り落とす。

さくらんぼの下の余白の切り方

39 小鳥のくちばしと羽、羽と尾っぽの間の凹んでいる部分も、同様に1つずつ余白を切り落とす。

40 さくらんぼの下の余白を切る。まずハサミを動かしやすいよう、余白からさくらんぼの輪郭までザクザク切り込みを入れる。

41 左側のさくらんぼの輪郭を切り進める。葉っぱのラインまで切ったら、Uターンして切りはじめに戻り、余白を切り落とす。

42 右側にある葉っぱの上のラインを切り進め、残りの余白を切り落とす。

43 41の葉っぱのラインの続きを切る。矢印のように逆サイドの葉っぱの先端に向かって切り進める。

44 ハサミを用紙の下から入れ直し、葉っぱの輪郭を切る。矢印のように、途中でUターンしてこまめに余白を切り落とす。

45 葉っぱの輪郭を切り終えたら、一度Uターンして余白を切り落とす。

46 さくらんぼの下の大きな余白を切り落とす。

47 輪郭の凹んでいる部分は、写真のように切り落とす。

輪郭の切り方

48 余白からさくらんぼの軸に向かって、ハサミを入れる。

49 少しずつ輪郭の余白を切り落とす。

50 裏返して、でき上がり！

ワンポイント
レッスン

3月／ひなまつり … 20
4月／桜 … 23　イースター … 24
5月／鯉 … 26　かぶと … 27
6月／ラブ … 28　アンブレラ … 29
7月／短冊 … 30
8月／うちわ … 31　ロータス … 32
9月／コスモス … 33　お月見 … 34
10月／キノコと男の子 … 36　ハロウィン … 37
11月／リス … 38　もみじ … 40
12月／クリスマスツリーとトナカイ … 41　メリークリスマス … 42
1月／謹賀新年 … 43　サザンカ … 44
2月／鬼っ子フェアリー … 45　バレンタイン … 46

One Point Lesson

3月
ひなまつり
March / Doll Festival

向かい合った可愛らしいおひなさま。
着物の柄にも入っている花と変形うず巻きをレッスン！
切るところが多いけれど、でき上がったときの喜びは格別です。

＊○で囲んだ部分の解説をしています。　＊見やすいよう拡大した図案を使用しています。　＊ワンポイントレッスンなので、周辺の小さな余白は切っていません。実際に切るときは、中心付近にある小さな余白から切り進めてください。

※図案はP49にあります。

A. 花芯の切り方

1　花芯の中心の余白にハサミの刃先を刺す。

2　おしべの直線ラインに沿って切り進める。

3　先端の丸い部分のラインを無視して、そのまま直線ラインの延長で切り進める。丸を半分に分割するイメージ。

How to Kirie _ March/Doll Festival

4　半円から直線のラインを切り進め、切りはじめに戻って余白を切り落とす。

5　3で切り残した半円の余白を切り落とす。

6　右隣のおしべを切る。短いおしべなので、まず左側の直線ラインを切り進める。

輪郭の切り方

7　次に右側の直線ラインを切り進める。

8　切り残した丸い部分の余白を切り落とす。同様に、すべての花芯を切る。

9　余白から切り進め、花の輪郭を切る。一度に輪郭を切り終えようとせず、写真のように、輪郭に向かってハサミを入れて、無駄な余白を切り落とす。

10　続けて輪郭を切り進め、余白を全部切り落とす。輪郭を切り進める際、余白が邪魔になる場合は、複数回に分けて切り落としていくのがおすすめ。

B. 変形うず巻きの切り方

1 うずの外側のラインから切りはじめる。

2 写真のあたりまで切り進めたら、一度ストップ。

3 Uターンしてうずの内側を切り進め、切りはじめに戻って余白を切り落とす。

4 3のうずの内側のラインの続きを切り進める。

5 途中にある小さな飾り部分は無視して切り進め、うずの余白を切り落とす。

6 5で切り残した飾り部分の余白を切り落とす。

7 切り残したうずの余白を切り落とす。

4月
桜
April / Cherry Blossoms

春の訪れを告げる桜。朝露が垂れるようなしずくが情緒豊かな図案です。直線の余白を切り落としてから、しずく部分を切りましょう。

※図案はP53にあります。

しずく部分の切り方

1 直線で囲まれた余白を切る。ただし、しずくの隣の余白は無理して切らず残しておく。

※詳しい直線の切り方はP29のアンブレラを参考にしてください。

2 しずく形の余白を切り落とす。

3 右側の直線の続きではなく、しずくのラインを切り進める。

4 右側の直線の続きを切り進め、余白を切り落とす。

4月
イースター
April / Easter

イエス・キリストの復活を記念するイースター。卵を転がすエッグロールという遊びを楽しむウサギの2つ折り図案です。紙が2枚とも切れているか、確認しながら切りましょう。
※図案はP51にあります。

細い曲線の切り方

1 斜線部分の小さな余白から切る。次に卵と曲線との間の凹んだ余白を切る。

2 右側の曲線が時計回りのラインなので、ハサミが進みづらくなったところで一度ストップ。凹んだ部分の余白は残したままでOK。

3 Uターンして切りはじめに戻り、余白を切り落とす。

4 2で残した凹んだ部分の余白を切り落とす。

5 切り落としたところ。

6 大きな余白を切る。余白から曲線に向かってザクザクと切り、ラインに沿って切り進める。写真のように、時計回りのラインになる手前でUターンして余白を切り落とす。

How to Kirie _ April / Easter

7 切り落としたところ。一度に余白を切ろうとせず、こまめに余白を切り落とす。

8 輪郭の外側の凹んだ部分の余白を切り落とす。

つい続きのラインを切りたくなるけれど、これはNG。残すと切りづらくなるところを先に切るのが、失敗しないコツ。

9 切り落としたところ。

10 隣の凹んだ部分をラインに沿って切り進め、余白を切り落とす。

11 6の続きの、ボールにつながる大きく湾曲したラインを切り進める。

12 右側の曲線を切り進め、途中で方向転換してボールに向かい、余白を切り落とす。

13 ハサミを用紙の下から入れ直し、12の曲線の続きを切り進める。

14 葉っぱまで切り進めたら、ボールに向かって余白を切り落とす。

5月

鯉

May / Carp

本物の鯉が青空で泳ぐ姿を想像すると、もっと幸せがやってきそう！ そんな気持ちにさせる優美な図案。花びらがついたような変形シャギーのレッスンです。

※図案はP55にあります。

変形シャギーの切り方

1 花びらのようなフリルを1つ切る。

2 シャギーの先端ギリギリのラインを切り進める。

3 1の続きの2つ目のフリルから切り進める。

4 フリル部分を切り進め、シャギー上部の余白を切り落とす。

5 1つ目のフリルを、一番端のシャギーのラインに合わせて切り落とす。

6 左から右にシャギーを切り進める。

※詳しいシャギーの切り方はP32のロータスを参考にしてください。

端午の節句にふさわしいかぶとの図案です。反転している"夢"の文字が気になる場合は、切り落としてアシンメトリーな図案に修正してもOK。

※図案はP57にあります。

綱の切り方

1 反時計回りに切り進められる綱のラインから切りはじめる。綱の結び目にあたる部分は切らずに、最後まで残しておくこと。

2 用紙を動かして、ラインに沿って切り進める。

3 同様に、すべての綱の同一方向の2辺だけを先に切り進めていく。

4 最初の綱の余白に戻って残りの1辺を切り、余白を切り落とす。

5 同様に残りの1辺を切り、余白を切り落とす。

6月
ラブ
June / Love

6月はジューンブライド。バラがワンポイントの"Love"のレタードはウエディングギフトとしても喜ばれるはず。文字の中の余白を切り落としてから、輪郭を切りましょう。

※図案はP53にあります。

バラの切り方

1 バラの中心から切りはじめる。

2 余白にハサミの刃先を刺し、用紙を動かしながらラインに沿って切り進める。

3 中心に近い三日月形の余白を切り落とす。

4 中心を挟んで3の反対側にある、少し大きめの三日月形の余白を切り落とす。

5 同様に中心を挟んで、3の隣の三日月形の余白を切り落とし、放射状に切り進める。

6月
アンブレラ
June / Umbrella

6月は梅雨の季節。傘の下で雨宿りする小鳥やしたたり落ちるしずくが印象的な図案です。しずくの直線で囲まれた余白の切り方をマスターしましょう。

※図案はP59にあります。

しずくの直線部分の切り方

1　小鳥の下の小さな余白を切ったら、小鳥のくちばしがある余白から切りはじめる。

2　長い直線を切り進めていく。角はハサミを寝かせながら入れ直す。

3　小鳥のくちばしまで切り進めたら、矢印のように、くちばし上部のラインを切り進め、余白を一度切り落とす。

4　3の続きの小鳥のくちばしの先端から切り進める。

5　残りの余白を切り落とす。

6　隣の余白も同様に、一気に切らず2回に分けて切り落とす。

7月
短冊
July / Strip of Paper

7月7日の七夕。短冊に願い事を書いてみませんか？切り絵をフレームとして使い、別紙に願い事を書けば短冊の完成！ゆがんでしまいがちな細長い直線の切り方を練習しましょう。

※図案はP61にあります。

細長い直線の切り方

1. 余白にハサミの刃先を刺す。

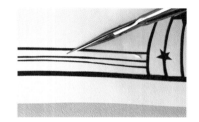

2. 直線のラインに沿って切り進め、ある程度まで切ったら、写真のように、反対側の直線に向かって切る。

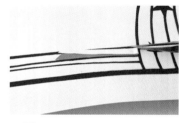

3. Uターンして切りはじめに戻り、余白を切り落とす。

4. 2の続きの直線のラインに沿って切り進める。

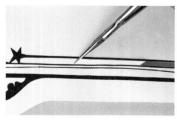

5. ある程度まで切ったら、反対側の直線に向かって切る。

6. Uターンして切り進み、余白を切り落とす。これを繰り返して切る。

8月
うちわ
August / Fan

ビールで乾杯するネズミの頭上には、花火！ 夏の風物詩がギュッとつまった図案は、拡大コピーして切った切り絵をうちわに貼りつけても素敵です。

※図案はP63にあります。

花火の切り方

1 まず小さな余白を切り落とす。次に反時計回りの弧を描くラインと直線の2辺を切る。

2 1つ上の余白に進み、同様に弧を描くラインと直線の2辺を切る。これを繰り返す。

3 1の最初の余白に戻り、残りの2辺を切り進めて余白を切り落とす。

4 同様に残りの余白の2辺を切り進めて、すべての余白を切り落とす。

8月
ロータス
August / Lotus

水面に咲く大輪の花とつぼみが美しいロータス。難しいシャギーの練習ができる図案です。シャギーは図案通りに切ろうとせず、目安にすればOK！

※図案はP65にあります。

シャギーの切り方

1 シャギー上部の余白に刃先を刺す。

2 シャギー先端のギリギリのところでUターンし、シャギー上部の余白を切り落とす。

3 ハサミを用紙の下から入れ直し、一番左側のラインを切る。

4 ハサミを上から入れ直し、シャギーの一番外側のラインを切り余白を切り落とす。

5 シャギーの先端が細くなるよう、シャギーの頭から切る。

6 左から右へと切り進める。図案はあくまで目安なので、忠実に切らなくてOK。

9月
コスモス
September / Cosmos

繊細な模様が施されたコスモスが2輪。細かい図案ですが、小さな余白から丁寧に切り進めましょう。茎や花の間は複数回に分けて切るのがポイントです。
※図案はP67にあります。

花びらの切り方

シャギーを切ってから、その上の扇形の花びらを切る。必ず右から左へ隣り合った余白を順番に切り落とすこと。中央に余白を残してしまうと、用紙がペラペラと不安定になり、切りにくくなってしまうので注意。

※詳しいシャギーの切り方はP32のロータスを参考にしてください。

9月
お月見
September / Moon Viewing

2匹のウサギがお餅つき。ついたお餅の上には満月。そして満月の中には、なんとニンジン！
顔のシルエットは、顔の前に穴をあけて空間を作って切るのがポイントです。

※図案はP69にあります。

ウサギの顔の切り方

1 ウサギの顔の前の余白に細長い穴をあける。この穴がハサミを動かすスペースになる。

2 1の穴からハサミを差し込み、ウサギの鼻のラインを切る。

3 まつ毛に向かって切り進める。

How to Kirie — September / Moon Viewing

4　まつ毛の根元から毛先に向かって切り進め、余白を切り落とす。

　穴からまつ毛のラインを切り進め、角で待ち合わせをするのはNG。

5　穴からまつ毛の上のラインを切り進める。

6　おでこから前髪のラインを切り進め、余白を切り落とす。

7　2に戻り、鼻から口のラインを切る。

8　口のラインは、ハサミを用紙の下から入れ直すと、切りやすい。

9　アゴから腕のラインを切り進め、余白を切り落とす。

10　切り落としたところ。

10月
キノコと男の子
October / Mushrooms and A Boy

実りの秋を連想させるキノコと可愛らしい男の子の図案。中央の大きな空間にある木は、葉っぱの凹み部分を1つずつ切って、木の輪郭を先に仕上げるのがポイントです。

※図案はP73にあります。

中央の木の切り方

1 写真のように、木の内側、草と葉っぱの間の余白を切り落とし、右下の葉っぱから順番に切り進める。まず、葉っぱの右側のラインを切る。

2 下の葉っぱの先端から、1つ上の葉っぱの先端に向け切り進める。

3 1つ上の葉っぱのラインを切り進め、葉っぱと葉っぱの間の凹んだ余白を切り落とす。同様に、すべての葉っぱの凹んだ余白を切り落とす。

4 手のラインを切り進め、袖のあたりで一度余白を切り落とす。

5 えりのラインを切り進め、首や髪の毛の細かい部分は残して余白を切り落とす。

6 5で切り残した首の部分の余白を切る。髪の毛から帽子のラインを切り進め、矢印のところで一度余白を切り落とす。

10月
ハロウィン
October / Halloween

カボチャのおばけの中に、ネコやクモ、十字架が隠れたデザイン！ 切り絵を飾るときの台紙をオレンジやパープルにするとハロウィン気分がいっそう盛り上がります。

※図案はP71にあります。

コの字形の切り方

1 中央のくの字形の余白を切り落とす。

2 コの字形の余白を切る。まず余白に刃先を刺す。

3 写真のように余白を切り落とす。空間を作ることで、ハサミがスムーズに動くようになる。

4 短い方の余白をラインに沿って切り落とす。

5 長い方の余白を切る。中央のくの字形のラインの方から仕上げる。

6 外側のラインに沿って切り進め、余白を切り落とす。

11月
リス
November / Squirrel

大好物のどんぐりを見つけて"LaLaLa"と鼻歌を歌うチャーミングなリス。
入り組んだ小さな葉っぱは、こまめに余白を落とすのがコツ。

※図案はP75にあります。

葉っぱの切り方

1 先に四方を囲まれた小さな余白を切る。次に葉っぱが入り組んだ部分を切る。

2 余白から枝のラインを切り進める。

3 葉っぱのラインに沿って切り進め、一度余白を切り落とす。

How to Ririe _ November/Squirrel

4 葉っぱの続きのラインを切る。

5 ハサミを寝かせながら角を合わせて切り進める。

6 葉っぱに囲まれたひし形の余白を切り落とす。

7 ハサミを用紙の下から入れ直し、続けて葉っぱのラインを切る。

8 ハサミを用紙の上から入れ直し、枝のラインを切り進め、ハサミが進みづらくなったらストップ。

9 写真のように、こまめに余白を落とす。

10 右側の枝のラインを切り進める前に、先に葉っぱのラインを仕上げる。

11 ハサミを用紙の下から入れ直し、隣の葉っぱのラインへと切り進める。

12 8の枝のラインの続きを切り進め、余白を切り落とす。

11月
もみじ
November / Maple

シルエットと模様入りの2種類のもみじが素敵な図案。家にいながら、もみじ狩りが楽しめそうです。うずや曲線がなめらかに仕上がるよう練習しましょう。

※図案はP73にあります。

もみじの葉の切り方

1 小さい余白から順番に切り進める。写真のように、葉先の凹んだ余白は無理せず残しておき、2回に分けて切る。

2 うずはうずの中を丸く切り落とし、うずのラインから仕上げる。

※詳しいうずの切り方はP46〜47のバレンタインを参考にしてください。

3 うずのまわりの余白を切ってから、残りの余白を切り落としていく。

4 入り組んだ余白は、反時計回りに切り進められるラインを探して切りはじめる。

5 一度に切ろうとせず、2回に分けて余白を切り落とす。

6 残りの小さな余白をすべて切り落とす。

12月
クリスマスツリー とトナカイ
December / Christmas Tree and Reinbeer

切り終えた2つ折り図案を開くと、中央にクリスマスツリーが現れます。額に入れて飾ったり、カードに仕立てたりするのもおすすめ！

※図案はP77にあります。

トナカイのツノの切り方

1 ツノの間の小さな余白を切る。ツノの根元から先端に向かって切り進める。

2 ツノが枝分かれしている部分は、一気に切らず、途中でUターンしてこまめに余白を切り落とす。

3 ツノの先端のラインを切る。

4 ツノのラインを先に仕上げる。

5 2の続きを切り進め、残りの余白を切り落とす。

12月 メリークリスマス
December / Merry Christmas

ツタやヒイラギが絡まる"Merry Xmas"のレタード。文字の中の余白を全部切り落としてから、上の輪郭、下の輪郭の順で切り進めるのがポイントです。

※図案はP79にあります。

文字の切り方

1 横に長い文字の場合は、一番端の文字の内側にある小さな余白から切りはじめる。

2 順番に小さい余白から切り落とす。

3 大きめの余白は一度に切らず、複数回に分けて切る。角の細かい部分は無理をせず残し、Mの内側のラインから葉っぱの根元へと切り進め、余白を切り落とす。

4 3で残した角の小さな余白を切り落とす。

5 3で残したMの下の余白を切り落とす。

6 写真のように、文字の内側にある余白を小さい余白から順番に右から左へと切り進める。

1月
謹賀新年
January / Happy New Year

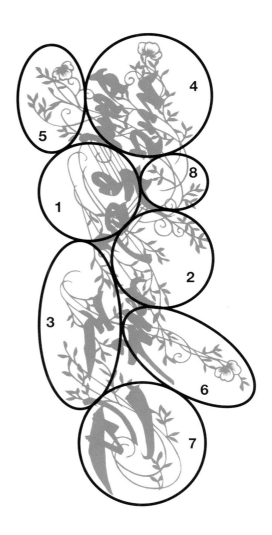

お正月に飾りたい"謹賀新年"の文字。細いツタが絡まり合う図案は、切る順番が重要です。図案の丸で囲んだ部分を順番に切り進めましょう。手で持つ余白を確保しながら、小さな余白から慎重に！　切りやすいようにハサミを上から、下からと入れ直しながら、少しずつ切り進めましょう。余白をこまめに切り落とすのも忘れずに！

※図案はP81にあります。

Tips 巻末　そのまま切れる図案集の使い方

　巻末のそのまま切れる図案集（P49～）は、切り取ってそのまま使うことができます。左端に切り取り線があるので、これに沿って切り取ってください。2つ折り図案は広げた完成形が印刷されているので、図案の中心線を合わせて2つに折り、ホチキスでとめてから切りはじめましょう。詳しくはP9の2つ折り図案の準備を参考にしてください。
　図案が難しいと思った場合は、切り絵専用用紙に拡大コピーするのもおすすめです。難易度を上げたい方は、縮小コピーしてもOK。コピーする際は、コピー濃度を薄いグレーに設定しましょう。黒よりも切りやすくなります（本書では、見やすいよう黒にしています）。

こちらが薄いグレーの目安です。

寒い冬の代表的な花でもあるサザンカ。細く入り組んだ曲線は、輪郭の凹んでいる部分の余白をイメージしながら切り進めるのがポイントです。

※図案はP83にあります。

細い曲線の切り方

1 まずは輪郭の内側の余白を切る。続けて隣の凹んでいる部分を切る。

2 ハサミが進みづらくなったらUターンして余白を切り落としてから、続きを切る。

3 葉っぱのラインでUターンして、こまめに余白を切り落としていく。

4 サザンカの軸の上（図案では下）の凹んだ部分も、途中でUターンして余白を切り落とす。

5 隣の曲線に囲まれた小さな余白を切り落とす。このようにサザンカの軸を挟んで、上下交互にこまめに余白を切り落とす。

2月
鬼っ子フェアリー
February / Demon Fairy

蝶々の羽が生えたキュートな鬼の子どもの妖精です。吹き出しには、幸せを運んでくれそうな"福"の文字。うねっている細長い髪の毛の切り方を覚えましょう。

※図案はP85にあります。

髪の毛の切り方

1 中心に近い髪の毛から切る。切りはじめは、反時計回りに切り進められるラインを探して。

2 一度に余白を切り落とそうとせず、余白は2回に分けて切り落とす。

3 複雑なツノのラインよりも反時計回りに切り進められる方から切る。切りづらいときは、ハサミを用紙の下から入れると、切りやすくなる。

4 ツノのラインを切り進め、余白を切り落とす。

5 S字形の余白は2回に分けて切り落とす。写真のように、まずは三日月形に余白を切り抜く。

6 残りの余白を切り落とす。切る順番は、写真のように最初に切った余白を挟んで、1つずつ左右交互に切り進める。

2月
バレンタイン
February / St.Valentine

2月14日のバレンタインデーにちなんだハートの図案。うずがたくさんあるので、左巻き&右巻き両方のうずを練習することができます。

※図案はP87にあります。

A.左巻きのうずの切り方

1　うずの内側の余白にハサミの刃先を刺す。

2　用紙をくるくると動かしながら、うずの内側の余白を切り落とす。

3　切り落としたところ。穴をあけることで、ハサミをスムーズに動かせるようになる。

4　うずの外側のラインから仕上げる。

写真のように、先にうずの内側のラインを切るのは間違い。

5　葉っぱとの二股まで切り進めたらストップ。

6 3のうずの内側のラインの続きを切り進める。

7 葉っぱとの二股部分まで切り進めて、余白を切り落とす。

8 切り落としたところ。

B.右巻きのうずの切り方

1 余白にハサミの刃先を刺す。
＊うずの内側の余白が小さい場合は、写真のあたりに刃先を刺す。大きい場合は、左巻きのうず同様に、うずの内側の余白を切り落とす。

2 うずの先端まで切り進めたら、うずの外側のラインに沿って切る。

3 ハサミが進みづらくなったら、無理をせず、切りはじめに戻って余白を切り落とす。

4 2の続きのうずの外側のラインを仕上げる。

5 ラインに沿って切り進め、余白を切り落とす。

6 切り落としたところ。

蒼山日菜（あおやま ひな）

切り絵作家。
2000年より切り絵をはじめ、2008年にスイスのシャルメ美術館で開催された
第6回トリエンナール・ペーパーアート・インターナショナル展覧会で、
コンクール史上初となるアジア人初のグランプリを受賞。
その他、2006年第8回、2007年第9回カンヌ国際展覧会「アートと世界の文化展」にて
2年連続で金メダルを受賞。Newsweek「世界が尊敬する日本人100人」にも選出される。
著書に『ディズニーレース切り絵 シンデレラ』（KADOKAWA）、
『蒼山日菜が教室で教えている切り絵のコツ』（玄光社）など多数。

蒼山日菜オフィシャルサイト
https://aoyamahina.com/

蒼山日菜の 12ヵ月のレース切り絵

著　者　　蒼山日菜
編集人　　寺田文一
発行人　　倉次辰男
発行所　　株式会社主婦と生活社
　　　　　〒104-8357 東京都中央区京橋3-5-7
　　　　　編集部 ☎03-3563-5194
　　　　　販売部 ☎03-3563-5121
　　　　　生産部 ☎03-3563-5125
　　　　　http://www.shufu.co.jp
製版所　　東京カラーフォト・プロセス株式会社
印刷所　　太陽印刷工業株式会社
製本所　　共同製本株式会社

ISBN978-4-391-14927-2
落丁、乱丁の場合はお取り替えいたします。お買い求めの書店か、小社生産部までお申し出ください。

Ⓡ 本書を無断で複写複製（電子化を含む）することは、著作権法上の例外を除き、禁じられています。本書
をコピーされる場合は、事前に日本複製権センター（JRRC）の許諾を受けてください。また、本書を代行
業者等の第三者に依頼してスキャンやデジタル化をすることは、たとえ個人や家庭内の利用であっても
一切認められておりません。JRRC（http://www.jrrc.or.jp Eメール:jrrc_info@jrrc.or.jp ☎03-3401-2382）
©Hina Aoyama 2016 Printed in Japan

企画構成　smile editors（印田友紀、石原輝美、伊藤康江）
デザイン　APRON（植草可純、前田歩来）
撮　影　　国府泰［P2〜7］、亀和田良弘（株式会社主婦と生活社）
校　正　　東京出版サービスセンター
協　力　　蒼山日菜 切り絵研究室（クリエイティブアシスタント中澤由紀子）

プロデューサー　鈴木誠司、松木昭（オスカープロモーション）
エグゼクティブプロデューサー　古賀誠一（オスカープロモーション）

そのまま切れる図案集

切り取り線に沿ってページを切り離して使用してください。

3月 ひなまつり
March / Doll Festival

（切り取り線）

この図案の切り方のポイントはP20〜22にあります。

4月 イースター
April / Easter

（切り取り線）

この図案の切り方のポイントはP24〜25にあります。

4月 桜
April / Cherry Blossoms

この図案の切り方のポイントはP23にあります。

6月 ラブ
June / Love

この図案の切り方のポイントはP28にあります。

5月 鯉
May / Carp

この図案の切り方のポイントはP26にあります。

5月 かぶと
May / Warrior's Helmet

この図案の切り方のポイントはP27にあります。

6月 アンブレラ
June / Umbrella

この図案の切り方のポイントはP29にあります。

8月 うちわ
August / Fan

この図案の切り方のポイントはP31にあります。

8月 ロータス
August / Lotus

（切り取り線）

この図案の切り方のポイントはP32にあります。

9月 コスモス
September / Cosmos

この図案の切り方のポイントはP33にあります。

9月 お月見
September / Moon Viewing

この図案の切り方のポイントはP34〜35にあります。

10月 ハロウィン
October / Halloween

この図案の切り方のポイントはP37にあります。

10月 キノコと男の子
October / Mushrooms and A boy

この図案の切り方のポイントはP36にあります。

11月 もみじ
November / Maple

この図案の切り方のポイントはP40にあります。

11月 リス
November / Squirrel

この図案の切り方のポイントはP38〜39にあります。

12月 クリスマスツリーとトナカイ
December / Christmas Tree and Reindeer

この図案の切り方のポイントはP41にあります。

12月 メリークリスマス
December / Merry Christmas

この図案の切り方のポイントはP42にあります。

1月 謹賀新年
January / Happy New Year

この図案の切り方のポイントはP43にあります。

1月 サザンカ
January / Camellia Sasangua

この図案の切り方のポイントはP44にあります。

2月 鬼っ子フェアリー
February / Demon Fairy

〈切り取り線〉

この図案の切り方のポイントはP45にあります。

2月 バレンタイン
February / St. Valentine

この図案の切り方のポイントはP46〜P47にあります。